JN440254

너의 고통이 나의 고통인 것처럼

백성민 시집

문학의전당 시인선
0309

너의 고통이 나의 고통인 것처럼

백성민 시집

문학의전당

시인의 말

밤새 잠을 자도 꿈을 꾸지 않는다는 것이 이상했다.
어쩌다 한 번쯤은 꿈이라는 것을 꿀 만도 한데
현실로 돌아와 기억을 더듬어도 아무것도 생각나는 것이 없다.
어쩌면 스스로 기억하는 것을 거부하는지도 모르지만…….

창문을 열 때마다 알 수 없는 기대감을 가졌다.
선명하지 못한 모든 것이
창문을 열면 환하게 보일 줄 알았지만
기대는 늘 배반의 손을 잡아야 했고
알 수 없는 분노가 일었다.

이따금 가져보는 희망이란 낡은 꿈이
아직도 싹을 틔우고 무성한 가지를 뻗어
어느 날 뜨거운 볕을 가려주는 그늘로 존재할 것을 믿는다.

2019년 여름
백성민

차례

제2부

제3부

제4부

제1부

화사(花蛇)

가는 숨결 위 푸른 뱀 한 마리 지나간다
시간의 강 언저리에 붉은 꽃 한 송이 피어 있고
바람의 물음에
잎 하나씩 손을 흔든다

스치듯 넘어온 자리들
누웠던 풀들이 어느새 발돋움을 하고
떨어지는 꽃잎을 받쳐 든다

어디라도 좋다
빛 한 점 품어낼 수 있다면
바람은 또 불어올 것이고 비 한 줄기 내리리라

돌아서야만 했던 순간들
오늘은 어느 곳에서
낯선 그림자를 세울지

푸른 뱀 등허리가 달빛을 짊어진다

가난도 사랑이다

목 쉰 울음 잠긴 가슴을 열었을 때
달빛에 물든
해진 가리개 사이로
미처 감추지 못한 처진 가슴이 숨 가쁘게 솟아오른다.

누군가 베어 먹은 조각달마저 화장을 하고
별 또한 반짝이는데
골목길 외등 아래 그림자만 길어질 뿐
비틀거리는 기척조차 없다.

지난밤 어느 땐가 응석받이 손길은 마른 샘가를 맴돌고
비틀어진 신음 사이로 잠깐씩 보이던
얼굴
오늘은 어디서 취해 있을까?

세 끼 벌어 한 입조차 채울 수 없는
눅눅한 일상이라도
무너진 젖무덤 쓸어주던

손길이 그립다.

그대 아는가!
이제는 저만치 비켜간 살찐 달빛이
늙은 손 잡아당길 인연조차 없겠지만
굳은 손마디로 살비듬 등허리 쓸어주며
거친 숨 마주하던 가난도 사랑이다.

빈 쌀독을 뒤지고
내일은 미지근한 온기마저 등 돌릴
마지막 연탄 불구멍 크게 열어 소금국일망정 그댈 위해 차려놓은 것이
찌들고 찌들어도 사랑이란 이름 부끄럽지 않아서다.

바람 소리 몰아친다.
비틀거리는 걸음이라도 바티 와 멈추면 좋을 텐데
식어버린 국 냄비만 연탄불 위에서 졸아든다.

오래전에 잃어버린 이름
울음소리나 앞세우고 들어볼까
그저 불리고 불렸던 이년아 이놈아
분하고 서러울 만도 한데
이제사 그리운 것은 넘어진 세월 탓이 아닌
가난도 사랑이란 이유다.

누가 아니라 하던가
가난도 사랑이라는 것을…….

폐차장 가는 길

키를 비틀었다 오래 묵었던 소리가 천식처럼 쿨럭거렸다. 몇 번 몸을 떨던 아랫도리가 근육의 이완을 위해 잠시 숨을 멈추었다. 거세된 욕망 앞에 마지막 사정을 하는 종마처럼 앞으로 나서던 몸짓이 멈칫거렸다. 그리고 이내 방임된 시간 속에서 살아있어야 하는 이유를 찾은 듯 밭은기침을 토하며 오래 묵었던 매연 한 움큼을 토해내고야 숨을 고르기 시작했다. 꽃집 입간판이 느린 실루엣으로 시야를 벗어났고 맵시 좋은 자동차가 빠르게 스쳐갔다. 차창을 열자 무기력한 열기가 좁은 차 안을 점령하고 날을 세우는 소리들이 공격의 칼날을 들이밀었다. 자동차의 경적 소리 신장개업을 알리는 도우미들의 춤과 음악, 그리고 무어라 표현할 길 없는 소리 소리들, 무심코 올려다본 하늘엔 누군가 석양 한 폭을 걸어두었다. 멈춤을 두려워하는 낡은 자동차는 해가 지지 않는 또 한 세상을 향해 툴툴거리며 달리기를 포기하지 못했다.

참회

누구라도 좋다 가냘픈 숨결 잡아줄 수만 있다면
찢기고 찢겨도 가슴이야 남겠지만
끊어진 숨결만 하겠느냐

아프다는 말 차마 입에 담지 마라
다 보지 못한 세상과 다 즐겨보지 못한
밝음의 끝에서 나는
빌어야 할 잘못조차 부끄러운
욕된 짐승일 뿐,

오늘도 세상 곳곳에는 싱그러운 바람이 불고
꽃향기 어우러진 햇살도 빛나지만
안부조차 물을 수 없는 이곳은 어둠의 끝이다

돌아가고 싶다는 간절한 외침도
잡아달라는 손짓마저 뿌리친 어둠의 시간 속,
이름을 부르지도 눈길조차 주지 마라

용서는 산 자의 몫이 아니다
가슴과 이마 위
붉은 도장 하나씩
참회의 기록으로 담고 살아가리라

청계천

황학동 도깨비시장을 둘러보다
부끄러운 흔적을 지우는 만물상 앞에 멈추어 섰다.

존재의 가치를 버림받은 손때의 온기들이
싸늘한 죽음으로 남는 시간

아직 누군가의 핏기가 남아 있는 예도 한 자루를
천 원짜리 두 장과 맞바꾸고 돌아선다.

횡단보도 반쯤 건너다 멈춘 자리
자동차의 속도계가 끝을 향해 내달리고

의식의 한 중간 정오의 사이렌이
길게 운다.

마지막 탈출구를 향하여
내던져진 그림자는 어디에서 멈출지

시간이 멈춘 신호등은 불길 속으로 뛰어들고
촉 없는 화살이 가슴을 찔러 온다.

아아, 빌어먹을 세상아!

신용불량자

사거리에 우두커니 선다.
길마다 햇살 빛나고
손잡은 웃음들이 거리에 넘쳐난다.

어쩌다 그대와 나
숨겨진 이름 하나 가슴에 품었는가?

세상 누군들
눈부심 모를까만
막달바람은 어느 봄을 마중할지

투덕투덕
어두운 골목길 발걸음 뒤로
깨금발 소주병이 뒤를 따른다.

페이소스

이 땅에 허락된 망명지는
어디에도 없다

어니쯤이라는 수식어는
내가 서야 할 자리

누군가는 또
꼭 그만큼의 자리에서

굽은 몸 세워
하나의 이정표로 남는다

뻥이요!

갈매기 울음소리를 안고
기계가 돌아간다
쌀 한 되와 가늠으로 뿌려 넣은 신화당 조금,
돌리던 손의 힘이 빠진 탓일까?
갈매기의 울음이 잦아든다

늙은 촌부의 손에 들려온 콩 두 되와 쌀 한 됫박이 서너 걸음 뒤에서 서성이고
옹기종기 모여 앉은 낡은 시간들이 따사로운 햇살 아래 늘어진 하품을 한다

하나 둘 천막을 걷는 시간
주인을 찾지 못한 한숨들이 무거운 엉덩이를 밀어내고
누런 배추 봉투에 담긴 쌀 튀밥 한 자루와 모양도 없이 속살을 드러낸
튀긴 콩 한 봉지가 절룩거리며 멀어져 간다

인심 후한 손이 건네준 쌀 튀밥 한 움큼이

간사스런 혀를 녹이고

이미 잊힌 갈매기의 울음소리가 어느 장바닥에서 다시 들릴지

오늘도 장은 난전이다

회향

들썩이는 그의 어깨가
한 뼘씩 무너지는 듯했다
장돌뱅이 석삼년에 이골이 날 만도 한데
눈 내리고 비바람 몰아치면 그는 언제나 울음을 터트렸다

입버릇처럼 되뇌던 무섭다는 말이
어느 날부터인가 햇살 좋은 날로 이어지고
마주치는 눈빛이 갱도를 걷는 광부의 애절함으로 변해갈 때쯤
무심한 듯 던진 한마디 말

"나 산으로 들어갈래요."

조막만 한 아이 셋과 순박하기만 한 여인을 앞세우고
그는 그렇게 떠나갔다

전라도 저 어느 깊은 산속에
낡은 움막 한 채 지었다는 소식이 바람결에 실려 오던 날

겨울 햇살은 잔설 위에 부러지고
목 잘린 개나리들이 저마다 잎을 틔우기 시작했다

시명도 알 수 없는 저 깊은 골에는
산발한 개나리들이 잎이라도 틔우려는지
오늘 보는 햇살이 얼음 꽃처럼 서럽다

황혼

해 저물녘
익숙하지 않은 길을 걷다 시들어가는 장미 한 송이를 본다.
가슴을 찔러오던 가시의 날카로움은 이미 시들었고
향기를 뽐내던 유혹도 사라진 지 오래
지워져 가는 시간 속에는 서럽기조차 한 푸른 하늘이 걸려 있어
가슴을 열어 녹슨 거울 한쪽을 꺼내 본다.

날마다 닦아내도 녹의 흔적은 지워지지 않고
유물함 깊은 곳에서 얼룩으로 머물 뿐,
허공에 찍어놓은 무수한 발자국은 긴 사다리를 놓아
흔적을 찾아보아도 끝내 뿌리친 열차가 남겨놓은 바람 소리로 남는다.

열차가 어느 곳에 멈추든 그것은 이미 또 다른 생의 시발점
떠나는 모든 것이 새로움을 담는 것이 아니라는 것은 새벽 강둑을 걸어보면 안다.
소리마저 감춘 저 한때의 수런거림과

모든 것을 함몰시키고야 말 는개의 속살거림은 거쳐 가야만 하는 하나의 문일 뿐,

떠나야 한다. 조금씩 지워지는 가볍지 않았던 흔적은 바람 속에 남겨두고
어제의 미련과 희미해지는 외등의 그림자를 남겨둔 채
끝내 멈출 수 없는 한 번의 끝을 향하여

안경

한쪽 눈을 가리고 나서
바로 서는 것이 허락되었다

간결하면서도 상냥한 목소리가 이어지고
거부할 수 없는 선고가 내려졌다

마이너스 0.1

멍

의지가 강할수록
짙어지는 이 푸른 현상은
살아있다는 증거다

얼룩진 역사가 무명에 머물듯
피 한 줌으로 새긴
가장 깊고도 질긴 외침

이것은 함부로 지울 수 없는
삶의 지문이다

비

저 멀고 먼 아득함 속에서
지울 수 없는 증표 하나 담고
하나 둘 모여 천둥보다 더 큰 소리로 왔다
다시 오지 못할 천길 벼랑에 떨어져도
네 가슴속 가물거리는 길 하나 낼 수 있다면

한때 소리로 남고
이슬로 맺어
햇살 한 줌에 왔던 길 돌아갈지라도
숨결 한 줌 한 몸이 된다면
무심코 내젓는 손짓이라도 좋다

누구냐고 묻지 마라
한세상을 다 담아낼 수 없는 가슴속
더는 지울 수 없는 모습 하나 있어
뼈마다 덜걱거려 마주 볼 눈빛 있다면

찾아 가련다

낮은 달빛이 낮달의 꿈을 모르듯

어느 날 꿈에 들어 비로소 긴 숨을 내쉬는 날

늑간(肋間) 채워 서로 흘러보게

장날

누가 먼저도 없이 난전을 펼친다. 밤새 서리를 피했던 채마밭의 푸성귀도 나와 놀고 남해 저 어디쯤이나 서해의 갯바위에서 옹송그려 모여 놀던 잠 덜 깬 강굴도, 얕은 잠을 자던 바지락도 이미 삼년상을 치렀을 갈치 옆에, 산 주꾸미와 가수 상태의 동태가 목을 움츠린다.

목 쉰 생선장수는 아직도 불러야 할 손님이 남아 있다. 너무 싸게 팔아 눈물이 난다는 오징어 다섯 마리를 만 원이라 불러댄다. 삼단 같은 머릿결을 두 번 주어도 안 바꿀 곱게 자란 대파 뭉치를 두 단에 삼천 원이라 한숨으로 토해놓는 중늙은이의 삐뚤한 글씨가 이리 밟히고 저리 밟힐 때, 배추꼬랑이 한 소쿠리를 천 원에도 시집보내지 못한 갑분네 할마시는 기어코 참았던 소주병을 들이킨다.

세상 다 그런 거라며, 영감이 그리도 좋아하던 장두 감 열세 개를 애지중지 모셔와 비린 생선 한 토막과 바꾸려던 우물댁 할마시도 노을을 얼굴에 담은 채 뜸해지는 발걸음을 셈해볼 뿐 새벽길, 영감이 내내 묵혀두었던 해진 지갑에서 꺼내주던 천 원짜리 두 장이 왜 그리도 간절한지, 반 허기를 때우던 점심 국수 한 그릇이 목젖을 타고 넘어온다.

셈해 볼 마수걸이도 없이 돌아가야 할 새벽길을 짚어 보는 시간 하나 둘 불을 밝히는 국밥집의 비닐 문은 때 없이 펄럭이고 속살 깊이 감추었던 장돌뱅이 입에서는 연신 욕지거리가 어둠 속으로 묻힌다. 꼭 하루치의 웃음만을 담고 싶은 가난한 욕심 앞에 내일은 삼천오백 원짜리 국밥 한 그릇을 호기롭게 비워낼지…….

아버지의 자리

태양은 늘 직각이다
한 번쯤 평행선을 버리고 휘어질 만도 한데
소리를 지르는 바람과 빗줄기 속에서도 굽힐 줄 모른다

만년을 이어온 사막의 선인장은 냉엄함 앞에서도 곧은 절명사를 품게 하고
오늘을 걷는 저 저린 걸음이 낙조의 풍경을 그려낼 뿐,

수상한 초록이 흔들린다
드러내고 싶지 않은 은밀한 수런거림이 잘게 부서지고
어제와 똑같은 시간
역주행을 하는 버스 한 대가 멎는다

낯선 이정표처럼 불편한 목적지가 손을 잡아끌고
차창가의 눈빛들이 망실의 순간들을 떠올린다

아아! 이곳은 어디인가?
태양의 등 너머에는 어린 왕자가 등을 밝힌다

제2부

피뢰침

무섭고도 잔인한 한순간의 외침이다
기적은 범람하고 거리마다 아우성으로 가득하다
떼 지어 몰려다니는 말발굽 소리는 허공을 메우고
푸른 정 하나를 내리꽂는다

모든 것을 함몰시키고야 말
차갑고도 매몰찬 몰아(沒我)

허공을 찍는 새들의 발자국마저 비켜가는 길
고압 전류는 금역의 성곽처럼 견고하고
언제나 복종만을 강요한다

비틀거리다 멈춘 길
어두운 하늘 아래 나무 십자가는 초라하고
누군가 쪼그려 앉아
눅눅한 가슴을 풀어낸다

담쟁이의 하루

은밀함으로 기어올랐다.
행여 들킬까
바람의 기척에도,
달빛에게도 숨을 죽였다.

왜라고 묻지 마라.
감각의 촉수는 삶의 자리를 탓하지 않았고
그저
한 뼘만 더 오를 수 있다면
무엇인가가 될 수 있을 것 같았다.

비바람이 몰아친다고
서리와 눈보라 속에서도 놓을 수 없는 것

때론 우직한 욕심이고
미련한 정직함이라고 손가락질할 때도
품어 안고 삭여야 할 모든 것이
감사함이었다.

사철 붉은 잎이 진다.

새벽은 먼데

오늘도 비틀거렸던 하루가

쓰러진다.

아버지라는 이름으로

투쟁! 쟁취하자! 쟁취하자!

적당한 구호와 적당한 외침의 반복
한 번의 기침에도 온 창자를 뒤집었고 움켜잡은 손아귀 사이로
노을보다 붉은 핏방울 한 줌씩 삼키면서도
하나 둘 내일의 일상 속으로 걸어갈 뿐
치열해야 하는 것들과 그 이유조차도 설명해야 할
명분도 없는
오늘의 나는 자랑스러운 노조원이다.

물방울의 노래

어디라고 묻지 않는다
모두의 기억에도 없는 별의 이름을 모르듯이
나는 너에게 흘러간다

빛나던 날
날카로운 생의 촉수는
어둠을 타고 흐르고
누구도 기억할 수 없는 꿈을 꾼다

한번쯤 돌아보는 늦은 참회
늪가에는
잎 푸른 망초대만 흔들리고

쓰다 만 묘비명엔
만 년을 두고도 풀어내지 못할
푸른 종균들이 번져간다

놀이터의 적막은 위험하다

참 이상한 일이다
놀이터 빈 공간 나르라니 서 있는
저 요람들은 무엇을 기다리는지
미는 손도 발걸음도 오랫동안 보이지 않는다

저들의 주인은
어느 곤한 잠 속에서 천상의 한때를 꿈꾸고 있을까?
아니 어쩌면 제 할 일을 다 하고
버려진 것은 아닐까?

이런 생각은 지극히 위험하다
햇살의 강직함이 잠시 고개를 숙이는 시간
어디선가 더딘 발걸음 소리 들려온다

앞에 하나
뒤에 둘
긴 세월의 무게를 등에 진 견고한 몸뚱이들이
요람으로 다가가 잠을 깨운다

비명을 지르며 힘겹게 구르는 바퀴들이
위태하다
아직도 수천수만의
신음을 토해야 한다는 것인가

그림자 유희

조심스럽게 가슴에 숨겨두었던 칼 하나를 꺼낸다.
칼날은 서두름도 없이
스스로 누울 것을 지시한다.
거부하지 못한 누운 몸이 가엾게 떨기 시작하고
의식은 한 번의 주저함도 없이 허리 위 한 뼘
가벼운 선을 긋는다.

미처 도망치지 못한 통증들은 비명을 질러대고
예리함은 한 점씩 살을 저며 간다.
살아있다는 것을 증명하듯 저며진 살들이 부들거리며 떨고
가볍게 지어지는 미소

알고 있었다, 고통에 수반된 통증도 잠시 후면 잊힌다는 것
을
앙상한 뼈마디 위
두 눈동자만 빛을 낸다.
아무것도 보이지 않는다.

칼을 잡은 손이 떨리기 시작하고 청각만이 귀를 세운다.
어디선가 뼈마디 부딪히는 소리 이어지고
강 건너 빛 한 점씩 내걸린다.

누군가 밤새 자맥질을 한다.

외눈박이

나는 피에로다
한 조각씩 던져주는 웃음을 받아먹고
외줄을 타는 광대다

어쩌다 일렁이는 감정은
얼룩진 분칠 속에 가둬두고
웃음을 찾아 헤매야 하는
역사의 증인이다

모두가 돌아갈 시간
무릎을 세운 그림자는
늙은 화가의 절망 속에 머물고

하나 둘 모습을 감춘 발자국은
먼 전설로 남아 있고
제 울음 한입씩 베어 문 어둠만
빈 허공에 외줄을 건다

빈곤의 역사

미친 한 목숨을
바람 타는 연 꼬리에 묶었네
바람 좋은 날은
태양 한 뼘 올라가
미쳐버린 봄이 저 멀리 있는 것도 보았고
꽃의 아름다움도 보았네

하지만 무슨 소용인가
내 목숨은 허공에 달려 있고
눈감은 지 오래인 것을

그저 댓바람에 등 밀려
말실에 걷어채어
그대 가슴으로나 숨어들 뿐,

아마 저 아이는 모를 것이네
미친 한 목숨이 바람에 매여 있다는 것을

부화를 꿈꾸며

낯익은 풍경 속에서 철거덕거리는 소리와 함께 달구어진 틀이 한 번씩 뒤집혔다. 틀이 한 바퀴를 돌아 원점으로 돌아왔을 때 벌려진 틀 사이로 입이 붙어버린 붕어들이 한 마리씩 튀어 나왔다. 때때로 신은 연민의 대상으로 전락할 수도 있다는 것이 다행인 오후였다.

붕어들은 황금빛으로 치장한 놈도 있었고 어떤 놈은 군데군데 검은 반점을 띠고 나왔다. 개중에는 늑골 사이가 휑하게 드러난 상태로 나온 놈도, 주둥이 한쪽이 없는 채로 태어난 놈도 있었다.

빳빳한 지느러미들이 쏟아지는 햇살 속으로 유영을 시작했다. 수초도 없는 어느 은밀함 속에 산란의 희열을 즐기러 갔는지도 모를 일이었다. 하루에도 수천수만 마리의 붕어들이 태어나고 산란을 즐겼지만 알이 부화되었다는 소문은 어디에서도 들리지 않았다. 알 수 없는 일은 붕어들은 왜 수초도 없는 가장자리에서만 태어나는 것인지 누구도 묻지 않았고 물어야 할 이유도 찾지 않았다.

다시 철거덕거리는 소리와 함께 달구어진 틀이 한 번씩 뒤집혔다. 반역의 기치를 든 지느러미들은 햇살을 헤치며 빠른 헤엄을 치기 시작했다. 소문으로만 무성한 부화를 꿈꾸기 위해 은밀함을 찾아 떠나가고 있었다.

당랑 거취

내 잠시 다녀오련다
펄펄 끓는 열탕 지옥이 이런지
한때의 장난질로 불쏘시개 가득 넣어두고
꾸벅꾸벅 조는 것은 아닌지

너 생긴 모습이나
우리네 모습이나 엎어지고 째진 것은 매일반인데
하루하루 견뎌내기 얼마나 알려는지

지가 웃전이요
하늘이라면 뭇 설움 알 만도 한데
삶아 죽이려나 끓여 죽이려나

이래 죽나 저래 죽나 한번은 가야 할 길
그래도 폼 나게 한판 붙고 가면
이름이야 남으려나

올가미 모아 쥐고 기다리시오

견우직녀 만남은 잠시 미뤄두고
오작교 한달음에 올라
한번 얼러나 보게

거리에서의 단상

절룩거리며 걷는 것만으로도
세상에 남은 마지막 희망이라고
반 무릎씩 접히는 어깨의 무너짐으로
골목길을 돌아 멈춘 자리
재활용 봉투의 깔끔함 옆으로 빈 소주병 두 개가 나뒹군다.

고운 여인의 목선 같은 병목안의 온도는 몇 도일까?
뜨거움이 빠져나간 자리
아무리 토악질을 해도 게워낼 수 없는 어지럼증이
허기를 일으켜 세운다.

생목을 앓듯 넘어가는 하루
은밀함을 감춘 불빛들이 촉각을 세우고
영역 밖으로 밀려난 발걸음은 저문 길을 따라 걷는다.

무릎마다 채워지는 바람 소리
얼마나 더 걸어야
나는 한 칸 반 어둠을 등에 질 수 있는가.

봄

새벽빛 빌려
눈 돌렸다 감는 순간
화석으로 굳어진 어느 젊은 역사의 부둥켜안음으로
그렇게 당신은 오셨습니다.

씨줄과 날줄로
낮과 어둠을 깃는 시간의 강가에는
언제나 서성이는 그림자 길고
내미는 손이 부끄러운 듯
당신은 그렇게 오셨습니다.

불러야 할 이름과
그 흔한 아쉬움의 뒤편에는
누군가 뿌려놓은 눈동자만 불면의 길을 열고
잠들 수 없는 손톱 달이 지쳐갑니다.

묻지 않으렵니다.
그대 어느 모습인지

제로통증 의학과

하나 둘 모여든다.
절뚝거리며 지팡이에 몸을 의지하거나
말 그럴듯한 효도 유모차를 앞세우고

참 낯선 풍경이다.
그러나 어쩔 것인가? 십 년 아니 어쩌면 수십 년을 담고 살아온
세월의 아픔들을 흔적 없이 지워준다는데

간호사의 웃음에 끌려 세상의 모든 아픔을 치유해줄
의사 앞에 앉는다.
아직은 앳된 젊은 의사는 전능한 신(神)보다 믿음직하고
한 점 거짓도 없이 고해성사를 한다.

허락된 것은 아무것도 없다.
몇 방의 주사를 맞고 욱신거렸던 허리와 무릎에 물리치료를 받고
당당하게 건물을 빠져나오면 세월도 잠시 잊힌다.

자, 우리는 다시

눈길이 닿고 바람결에 묻어 있는 아픔들을 품어야 하고

무거워진 몸뚱이가 아픔의 비명을 지를 때 제로통증 의학과를 찾으면 그뿐이다.

신보다 믿음직한 의사를 찾아서

모퉁이 김구이 집

비탈 길 오르는 이면도로 옆
본 적 없던 손수레 하나 놓여지고
고소한 냄새가 발길을 잡아끈다.

쫓기고 밀려 다다른 길
아직은 버티고 또 버텨보지만
어느 날
산 아래 흉물로 남아돌지

단속 차 마이크 소리에 오늘도 무탈할지
불현듯,
석삼년을 잊고 살던 얼굴이 비쳐든다.

어디라는 소식 한 장 살아만 있겠거니
잰 손놀림이 한숨을 받아내고
옥탑 방값은 무슨 일로 오르는지

하루 벌어 살아내길

게으름도 없었는데 희망은 늘 연기 속에 머물고
울듹불듹 종아리에
푸른 정맥이 바르르 떨려온다.

우리 함께하는 그날까지

사는 것이 그렇고 그럴 때
거짓말하지 않는
요술 펜 하나 있었으면 좋겠다

하늘이 높으면 높은 대로
물이 깊으면 깊은 대로

너의 고통이
나의 고통인 것처럼

그리면 그린 대로 세상이 만들어지고
지우면 지운 대로 깨끗해지는

우리 함께하는 그날까지

거짓말하지 않는
요술 펜 하나 있었으면 좋겠다

제3부

바람이 놓고 간 숨결 하나

다 늦은 저녁
등 돌린 시간의 선상 위로 붉은 꽃 한 송이 피어난다

순례자는 어둠을 엮는
노동의 신성함을 종소리에 실어 보내고
등고선을 찾는 사람들은
그림 속의 별 하나씩을 오려 단다

꿈은 늘 꿈으로만 존재할 뿐

취해드는 잠결이면
욕심 없는 해 한 줌을 탐내 보아도
새벽은 민저 와 머물고
탁한 호흡기가 거친 숨을 몰아쉰다

오늘도 별이 뜨고
별이 진다

오두막 연가

복내와 갑수라는 영감 할멈
오늘도 함박웃음 머금고
물질하러 나서네
앞섬도 뒤짐도 없이 걸어온 오십여 년

할멈 허리는 꼬부랑꼬부랑
영감 걸음은 한 절룩 두 절룩
잡은 손을 놓칠세라 단디도 부여잡고
갯바위에 도착하니

꼬부랑 굽었던 허리
어느새 꼿꼿하게 일어서고
물질 옷 입자마자
물살 가르며 자맥질을 시작하네

영감은 갯바위에 걸터앉아
한숨 반 근심 반 얼굴 내미는 할멈만 목 빠져라
기다리는데

꼬부랑 할멈 기력도 좋아
물망태에 소라, 멍게, 해삼, 전복이
다북다북 쌓여가네

해는 안간힘을 쓰며 쓰러지고
하늘빛은 누가 그렸는지
갯바위 위 영감 얼굴에도
노을이 풀어지네

궤적의 방향성

하루를 살아낸다는 것은
잔혹한 동화를 읽는 것과 같다

누구나 꿈꾸는 초록빛 바람과
홍화빛 달콤함은 어디에도 없는
내일을 그려낼 뿐

거친 사막도 아닌
21세기는
선택된 자의 몫이다

늦은 밤
짐짝처럼 실린
만원버스 안에서의 졸음은
어쩌면 깨고 싶은 꿈인지도 모른다

또 하루

오늘도 기다림의 시간은 물음표다
상냥한 말투는 아직도
길을 못 찾은 것일까

쓰고 또 지어내길 수십 번
아직도 꾸어야 할 꿈이 깨지 않은 것일까?

기다림에 지친 눈빛들이 하나 둘
날품팔이로 떠나고
더러는 계약직 이름으로 눈칫밥을 면해간다

알 수 없는 그 무엇
평범을 욕심낸 대가는 3포를 넘어
7포라는 이름을 앞에 걸고
붙잡고 싶은 어둠 속으로 숨어든다

칼 가는 노인

밤새 뒤척이던 몸을 일으켜
서둘러 낯을 씻는다.
아직은 이른 봄,
시린 손끝으로 어젯밤 아내의 한숨 소리가 파고든다.

밀리고 쫓겨 올라앉은 산동네
높은 것도 복일까
해마다 올려달라는 월세금은 냉수 한 사발을 부르고
쫓기듯 쪽문을 나서 자전거 페달을 밟는다.

골목마다
이른 꽃이 지천으로 피어 있다
웨딩샵 쇼윈도 앞에 자전거를 세우고
눈꽃 같은 드레스에 붙어 있는 가격표를 침침한 눈으로 살펴본다.

아무리 셈을 해도 알 수 없는 숫자다.
칼 한 자루 날을 세워야 고작 삼천 원 오천 원인데

옷 한 벌의 가격만큼 날을 세운다면
얼마나 긴 시간이 필요할지

아하! 여기는 상남이요 압구정이란다.

노량도

어디선가 호각 소리가 들렸다.

드문드문 불침번을 섰던 조는 불빛들이 임무를 마친 교대를 준비하고

어우러진 죄인들의 틈마다 간수들이 선다.

재잘거리며 등교를 서두르는 단발머리 여고생,

이제 막 아침밥을 지으려 이른 찬거리를 사러 나온 듯한 아주머니

아니 말끔하게 차려입은 맵시 좋아 보이는 직장인들

이 모두는 단언할 수 없는 간수들이다.

경계가 모호한 새벽 6시 30분

죄수들은 사역 준비를 서두르고 낙오된 죄수들에게

교도관의 낮은 외침 소리가 또 한 계절의 형량을 가중시킨다.

죽어서야만 묻힐 수 있는 것일까?

사육신 묘역 밖의 세상은 어떤 모습일까?

죄목도 모르는 죄인들의 계절은 이미 몇 계절을 돌고 돌았는데
강 건너 먼 곳에는
비도 내리고 눈도 내리고 꽃도 피었다는 지는
풍문만이 들려온다.

탈출을 꿈꾸는 것도 죄가 되어버린 노량도
어디선가 낮은 읊조림이 이어지고 한강 철교를 지나는 열차 위로
무심한 햇살이 강철처럼 빛을 낸다.

이곳은 섬 아닌 섬, 노량도다.

노량도 2

오늘도 이른 별이 떴다.
한 뼘만 한 창을 지키던 햇살이 쓰러지기도 전

서둘러 약국을 들르고 컵라면 두 개를 사들고
침전된 시간 속으로 숨어든다.

고지를 앞에 둔 병사처럼 넘어야 할
어둠의 벽을 가늠해본다.
얼마나 긴 터널을 지나야 할지
끝을 알 수 없다는 것은 희망의 또 다름 이름일까?

비가 내리고 바람이 분다는 것조차
이곳은 기억하지 않는다.
다만 이름 없는 수의를 입은
어제와 같은 일상들이 포성의 난무 속에 목숨을 지켜낸다.

몸살

그는 꿈을 꾼다고 생각했다.
땅속 깊게 자맥질을 하다 눈을 떠
천 번이나 물속에 젖어들었다 건져진
팔다리를 늘고 거리로 나선다

지나는 눈길마다 측은함이 와 머물고
바람이 위태하게 불어와
접혀진 허리를 흔든다

길옆 대궁을 세운 애기똥풀이
한가롭게 웃는다

왜 이리 먼가?
돌아가야 할 길은……

해도(海道)

그의 하루는 칼을 가는 일로 시작된다
새벽이 거침없이 밀려오던 날
오래 숨을 죽였던 안개비가 몸부림을 쳤고
수삼 년을 손에 익은 칼은 손 안에서 겉돌았다

등 푸른 생선이 유난히도 많이 잘려지던 한낮
그의 손톱 밑으로 어느 물고기의 가시인지 모를
은밀함 하나 숨어들었고
칼질을 할 때마다 들어 올린 손 안에서는
먼 바다에서 보내는 해독할 수 없는 암호가
세상을 향해 퍼져 나갔다

피조차 흘릴 수 없고
외마디 비명조차 지를 수 없는 직각의 오후
먼 바다를 향해 기치를 세웠던 날렵한 지느러미는
변방의 그늘 속으로 숨어들고
탄식에 멱을 잡힌 늙은 청춘들이 취기를 안고 쓰러진다

불현듯 가슴 아래로 송곳 끝의 비명이 터져 나왔다
퇴화의 길을 걷는 고래의 물숨 자리가 내뱉는
오래된 기억 저 아득함 속에서

반역의 꿈

스스로 섬이 되고픈 반란을 꿈꾼다는 것은
위험하다.

등을 돌리는 것이 전부라고 믿는 것은
불온한 사상의 모태일 뿐,
피해갈 파도와 바람은 마주 오지 않는다.

소리를 가르며 다가오는 어둠의 항로 위
스스로 조난을 꿈꾸는 배 한 척이 파도에 흔들리고
멀리 빛 한 점을 보일 때
등에 진 어둠이 걸음을 후려친다.

관절마다 박힌 깊숙한 신음,
아직도 더 살아내야 할 몸부림일까?
내일의 빛 한 점을 빌려오는 빈 손짓에
차가운 달빛만
모로 눕는다.

어딘들 닻을 내려도 좋은 날
낡은 몫 벗어 허공에 주면 누군가는 꼭 이리 말할 것이다.

참 고마웠다고!

푸른 꿈

처마 끝에 매달린 낮달의 미소와 같이

이제는 돌아가야 한다

굳어진 가슴에 이름 없는 꽃이라도 한 송이 피우기 위해

바람보다 먼저 들고

바람보다 먼저 날아야 한다

탄식

일만이천오백미터의심장의고동이암흑속에서만빛을낸다는것이어제쓰러진아버지의숨결이라면

오늘내가흘린땀방울이내자식의푸른숨결이라는것을안다그러나채찍조차들수없는쇠잔함을후손들에게남겨준다는것은거미가자식을낳아직조할줄모르는사상의거미를낳는거와무엇이다르랴

때려야만우는북은소리의정체를모른다

여린종아리굽은등을후려치던아픔은잊어도좋으리라밤새울리던늙은고양이의방울소리는한나절을즐기던졸음속에머물고베어문노곤함속에서접착을모르는무미한사상은한낮녹염의감춤에도숨어들지못하리라

분노

까닭을 찾는 것은 무모함이다
숨어든 어둠처럼 불쑥 튀어나오는
욕지거리
예고 없던 케이블 TV 시청료가 오른다는
전화 통화 탓일까?

아니 날품 팔아야 하는 지친 육신이
뱉는 푸념이라 해도
누군가에게 거친 욕설 한 자락 퍼붓고 싶다

나와 닮은 많은 사람들은
아직도 순하고 여리기만 한데
세상에 차고 넘치는 날카로움은 어쩌나

돌아갈 길,
한 평 땅이면 족한데
허물지 못할 유리벽은 높아만 가고
오늘도 들리는 소리 억울한 아우성뿐이네

아하! 어쩔거나
어디선가 꽃 한 송이 입이나 여는지

살아간다는 것은

잊은 듯 전하는 소식 한 편
한숨 섞인 투정이라도 좋다

한입 가득
마늘 쌈 우물거리는 입 안에서 가볍게 내뱉는 욕설 한 자락도
세월의 무게만큼 받아 넘기는 저녁 끝자락

처진 가슴에 손을 얹고
반쯤 허물어진 웃음을 흘리는
때늦은 후회라도

오랜만에 꿈틀거리는 거세된 욕망
그 안에 나도 같이 머물고 싶다

제4부

고목과 꽃잎에 대한 이야기

어느 전설을 찾아 떠난 꽃잎의 이야기를 아시는지요?
세월을 버티고 있던
늙은 고목의 몸부림으로 만개한 꽃잎은
시작과 함께 소리도 없이 떨어졌습니다.

한순간 잊히면 그만인 일,
놓지 못하는 것 있다면
계절마다 불어오는 바람에게 속살 내주는 일일까요?

마른 가지들이 서러움도 없는
바람의 손을 잡는 것은
기다림을 알고 있는 까닭입니다.

시간은 주름으로 잡혀 있고
세월의 무게는 단단한 껍질에 쌓여 있어
함부로 엿볼 수 없는 의뭉했던 날들이지만
어느 때고 다시 피어낼 꽃 한 송이 있다면
생은 또 지고 피겠지요.

내 맘속의 봄 떠난 지 오래라네

안데스 고원,
혹은 툰투라의 사막 한복판에서
잎 하나 물고 와 그대의 가슴에 숨어든
푸르름 잠시 있다면

내게서 떠난 봄 그리워 않으려네
어느 깊은 밤 숨어 내리는 비 한 줄기 본다면
물어봐 주시게나

내게서 떠난 그 봄,
올해도 잘 왔는가 하고…….

소녀의 기도

소녀가 꽃물을 토해놓습니다
이제 채 열 살을 살았는데
어느 시간
저리도 작은 몸에 붉디붉은 꽃물을 담았을까요?

나비를 품에 안고 밤마다 꾸던 꿈은
아직도 어느 꽃밭 위를 달리고 싶은데
선아의 눈에는 창가로 보는 하늘이 전부입니다

꽃잎반 친구들은 재잘재잘 학교를 오가는데
병상에 앉아 읽어주는 엄마의 동화책 이야기는
오늘도 기적을 불러오고

선아는 여린 잠 속에서 나비 꿈을 꿉니다

시간 속의 그림들

가만 귀 기울여 돌아본다
돌아보면 어찌 아득하고 그 아득함 너머
그립지 않은 날들 있으랴

바람에 쓸려 넘어지던 날도
녹슨 못 가슴에 치듯 가볍게 던지는 한마디 말에
신음 소리 베어 물던 신 새벽도
이제는 그립지 아니한가!

낫달의 그림자가
제 설움에 겨워 돌아선다

얼마나 더 걷고
얼마나 더 깊은 신음 삼켜야
해 그림자 따라 마음 뉘일 수 있을지

버리고 버려졌던 모든 것들이여

이별에 대한 허락

누구도 잡은 손을 놓으라는 약속은 하지 않았다

앞서 걷는 사람도
뒤를 따르는 사람도

깊은 강과 먼 어둠

허물어진 담장 옆
잎 떨군 장미꽃이 수태의 은밀함을 즐긴다

맞은편 화단
꽃잎의 무덤에는 풀 한 포기 자라지 않는다

하루 반을 비켜선 시간,
저문 빛을 빌려 그늘을 찾아들고 기억하지 않아도 될
어둠을 풀어놓는다

지고 나면 그뿐
돌아보는 눈길이 없다고 서러움을 알까?

마주한 세월은
그 흔한 이별조차 없이 멀어지고
가볍게 손을 잡는 인연들

누군들 한번쯤 꿈꾸지 않았으랴

은밀함을 즐기는 꽃술의 꿈을
송이째 떨구는 동백의 장엄함을

이 지상 어디쯤

하늘빛 그리움 먼저 풀어내고
햇살 한 줌에 올올이 영근 빛을 담아내는
웃음 좋은 사람 하나 있어

세상의 빛과 어둠이 왔던 길로 돌아가는
그 어느 날
즐겨 나누던 흔한 맹세 한번 없이
허기진 웃음마저도 곱게 받아준 사람에게
해실하게 피어오르는 아지랑이를 잡아
웃음 한번 짓습니다

세상의 가슴 하나씩 태우고 나면
뭇별들 가로 걸리고
닿고픈 바람 하나로 노둣돌을 놓아
그대에게 가는 길

자로초 한 송이 이슬을 담아
저 혼자 울먹입니다

솟대

천년의 기다림으로 섰다

이별 없이 떠난 그 숱한 밤은
하나 둘 달빛을 모로 누이고
때 없이 찾아드는 청산의 날갯짓은
허공을 밟고 선다

옛 정자에는 지워진 사연만
빈 바람을 막아서고
흐드러진 꽃잎 오늘도 서러운데

돌아누워 눈물짓던
지난밤 설픈 꿈이
앞 개울 물빛 위로 너울너울
춤을 춘다

나비야, 나비야!

이별 그 후

미처 몰랐다

마디를 딛고 설 때마다
깊숙이 감추어야 하는
햇살의 잘근거림을

눈이 부시다는 것은 어제의 잘못이다

바람마다 흐느끼는 서성거림의 가지 끝
어느 한때 단단함으로 묶여
돌아서는 발길

그러나 알리라
너를 향해 낙화하는 그리움의 몸짓을

휴일

낡은 주전자에 물을 끓인다
거친 숨을 몰아쉬듯
거품과 함께 녹아드는 진한 향

입 안을 맴돌던 향은
한 줄기 바람과 함께 흩어지고
기억만이 곧추선다

이곳은 은둔의 불모지
숨어들 그 무엇도 용납하지 않는
시간의 유배지일 뿐

어항 속의 나는
혼자만의 세상을 즐기고
낮은 문턱은 마지막 힘을 모아
발돋움을 한다

술래잡기

허물어진 담벼락
오래전 난쟁이 나라의 요정들이 그려놓았던
갑골문자의 형상들이 바람에 쓸려간다

얼굴이 지워지고 이름도 지워지고
시간을 따라 흐르던
쉼표의 자리

지우다 만 그림 속의 두 다리는
어느 멀고도 낯선 길을 걷고 있을까

이름을 부르던 골목길의 햇살은
낮은 바닥을 기고
빈 메아리만
아직도 기다림 중이다

다시 올 그날

늦은 잠에서 깨어
속을 들여다볼 수 없는 거울 앞에 앉는다.

푸른곰팡이가 세월을 갈아먹었을까?
귀퉁이마다 흰 반점들이 수은처럼 번져간다.

시간의 쉼표마다 탄식은 빠른 물살로 흘러간다.

어디쯤이었을까?
투명했던 시간들은 어디서도 찾을 수 없는 잃어버린 기억들

처진 어깨의 늘어진 실갖들이 몸부림을 친다.

길을 나서야겠다,
오래된 햇살이라도 반겨 맞으려면

외출

창문은 연다
밤새 숨어버린 것 같았던 그리움이 몰려온다
화장을 하고 새 옷을 입고 새로 신은 구두가
마음을 잡아끈다

세월의 등 뒤로 밀려난 풋풋한 웃음들이
손짓을 한다
비켜가는 거리의 풍경들이 눈부시다

흔들리는 눈빛 가득
화려함으로만 남고 싶었던 꽃잎이 춤을 주고
어디선가 바람 한 줄기 불어온다

살아내고 있다는 것이 얼마나 당당한가?
저마다 지워버리고 싶은 시간 앞에
햇살 한 줌씩을 뿌려본다

너에게로 가는 길

문득 너를 떠올리다
비 내리는 거리로 나선다

어디쯤이었을까?
너의 숨결 한 모금 머물던 자리

가벼운 탄식과
삼켜버린 시간들이 생목을 앓게 한다
옮기는 걸음마다 어둠이 매달린다

얼마나 더 깊은 이별과 손을 잡아야
마주설 수 있을까

오늘은 비 내리고
차마 그립다는 말 내일도 하지 못하리

첫눈

나는 가려네
순한 눈빛 같은 첫눈이 내리면
언 손을 꼭 잡아
몽실한 가슴으로 녹여주던
누이를 보러 가려네

하늘 저 어디쯤 고운 옷 벗어두고 와
세상이 하얗게 덮이는 날
소문도 없이 사라진 누이를 찾아 가려네

밤마다 꿈길을 열어주며 무구하게 웃던
누이를 보러 가려네

외진 길모퉁이
조각 빛 숨어드는 어스름 날
해맑은 미소 같은 눈실을 따라
내 누이와 꼭 닮은 너를 보러 가려네

발문

가슴으로 시인을 읽다

문근식 시인

백성민 시인의 시를 읽고 있자면 왜 자꾸 그리움이라는 단어에 생각이 머물게 되는 걸까? 왜 그의 선한 얼굴이 먼저 생각나는 걸까? 늘 입가에 가지런한 미소 그리고 그 미소 진 얼굴에 숨어 있던 가슴 짠한 표정들. 오랜 시간이 지나 시인이 행간에 숨겨둔 그 표정들을 시집에서 하나 둘 발견할 때마다 잊힌 줄 알았던 과거의 시간이 익숙하게 재생된다. 그리움인 듯 슬픔인 듯 아픔인 듯 함부로 재생되는 기억에 가슴이 아리다. 슬픔도 아픔도 지난 것은 다 그립다고 했었나? 문득 전화해서 “문 시인님 잘 지내고 있지요?” 안부를 묻고는 사라지던 목소리 거기에도 가슴 아린 그리움이 있었을까? 아니면 폐차장으로 향하는 오래된 자동차의 회한 같은 슬픔이거나 살아가는 것에 대한 아픔이 담겨 있었을까?

키를 비틀었다 오래 묵었던 소리가 천식처럼 쿨럭거렸다. 몇 번 몸을 떨던 아랫도리가 근육의 이완을 위해 잠시 숨을 멈추었다. 거세된 욕망 앞에 마지막 사정을 하는 종마처럼 앞으로 나서던 몸짓이 멈칫거렸다. 그리고 이내 방임된 시간 속에서 살아있어야 하는 이유를 찾은 듯 밭은기침을 토하며 오래 묵었던 매연 한 움큼을 토해내고야 숨을 고르기 시작했다. 꽃집 입간판이 느린 실루엣으로 시야를 벗어났고 맵시 좋은 자동차가 빠르게 스쳐갔다. 차창을 열자 무기력한 열기가 좁은 차 안을 점령하고 날을 세우는 소리들이 공격의 칼날을 들이밀었다. 자동차의 경적 소리 신장개업을 알리는 도우미들의 춤과 음악, 그리고 무어라 표현할 길 없는 소리 소리들, 무심코 올려다본 하늘엔 누군가 석양 한 폭을 걸어두었다. 멈춤을 두려워하는 낡은 자동차는 해가 지지 않는 또 한 세상을 향해 툴툴거리며 달리기를 포기하지 못했다.

—「폐차장 가는 길」 전문

늘 그랬다. 시인은 쿨럭거리는 차량으로도 세상을 살아가는 방법을 이야기하곤 했다. 그때 이미 세상과 함께하는 방법을 가슴 아리게 경험하고 있었는지, 그렇게 포기하지 않고 살아가는 삶, 어떻게 보면 이 시에서 보여주는 속내와 같이 그에게는 쿨럭거리는 차도 희망이었던 건 아닐까?

"거세된 욕망 앞에 마지막 사정을 하는 종마처럼 앞으로 나서던 몸짓이 멈칫거렸다." "오래 묵었던 매연 한 움큼을 토해내고야 숨을 고르기 시작했다." 그래 이게 백성민 시인이다. 내가 아는 그는 세상의 시간과 강하게 맞서지 않는 사람이다. 쿨럭거리며 세상을 살아가지만 부정하지 않는다. 아파하지만 포기하지 않는다. 그는 그런 세상의 시간이 몸에 밴 듯 금방 익숙해져 스스로의 시간과 타협하며 그렇게 아프고 절망적인 현실조차도 희망이라 정의한다. 그런 긍정적인 생각의 그의 표정이 만들어낸 잔잔한 미소인지도 모르겠다. "낡은 자동차는 해가 지지 않는 또 한 세상을 향해 툴툴거리며 달리기를 포기하지 못했다."는 마지막 진술에서 어렵지 않게 그의 속내를 읽을 수 있다. 궁금하다. 툴툴거리며 달리는 길가 신장개업을 알리는 도우미들의 춤과 음악, 하늘의 석양 한 폭을 바라보며 시인은 시인의 표정에 잔잔한 미소를 떠올리고 있을까? 그건 희망이었을까? 절망이었을까?

사거리에 우두커니 선다.
길마다 햇살 빛나고
손잡은 웃음들이 거리에 넘쳐난다.

어쩌다 그대와 나
숨겨진 이름 하나 가슴에 품었는가?

세상 누군들
눈부심 모를까만
막달바람은 어느 봄을 마중할지

투덕투덕
어두운 골목길 발걸음 뒤로
깨금발 소주병이 뒤를 따른다

—「신용불량자」 전문

무얼까? 시인이 말하는 신용불량자는 "어쩌다 그대와 나/숨겨진 이름 하나 가슴에 품었는가?" 어쩌다, 어쩌다가…… 따지고 보면 세상에 신용불량자 아닌 사람 있을까? 어떤 이유로든 우리 모두는 신용불량자다. 죄가 없는 사람 저 여인에게 돌을 던지라는 성경 어느 구절이 생각난다. 이 시대에 누가 돌을 던질 수 있겠는가? 양심이 조금이라도 남아 있는 사람이라면…… 그런데 같은 시대를 사는 시인은 왜 아파하는 걸까? 왜 어두운 뒷골목에서 소주 한 잔으로 스스로를 위로하고 싶은 걸까? 이것이 시인이 세상을 살아가는 익숙해진 방법일 거다. 이 시대를 살아가기에 절대적으로 불리한 양심이라는 것을 아직도 버리지 못하고 있기 때문일 거다. 한 번쯤 세상을 향해 큰소리로 울부짖고 욕을 할 법도 한데 누구도 원망하지 않고 소주 한 잔으로 스스로를 달래고 마는 시인. 슬며시 웃음이 난다. 한때 백성민 시인과 또 몇몇의 시인들과 밤새워 술을 마시던 시절이 있었다. 그는 늘 웃고 있었고 자신의 주장을 강요하지 않았으며 세상의 시간에 불만을 표한 적이 없었던 게 내 기억의 대부분이다. 벌써 5년을 훌쩍 넘긴 시간이지만 이 시를 읽으면서 난 백성민 시인의 마음을 조금이나마 알 수 있을 것 같다. 어느 작은 술집에서 소주잔을 앞에 두고 미소 짓는 모습이 제일 잘 어울리는 시인. 이 시대를 함께 살아온 나도 신용불량자다. 나의 골목에 어둠이 내리고 가로등이 하나 둘 켜지면 나도 백성민 시인처럼 소주 한 잔 앞에 놓고 살면서 나를 신용불량자로 만든 내 시간들을 반성하는 저녁을 보내야겠다.

은밀함으로 기어올랐다.
행여 들킬까
바람의 기척에도,
달빛에게도 숨을 죽였다.

왜라고 묻지 마라.
감각의 촉수는 삶의 자리를 탓하지 않았고

그저
한 뼘만 더 오를 수 있다면
무엇인가가 될 수 있을 것 같았다.

비바람이 몰아친다고
서리와 눈보라 속에서도 놓을 수 없는 것

때론 우직한 욕심이고
미련한 정직함이라고 손가락질할 때도
품어 안고 삭여야 할 모든 것이
감사함이었다.

사철 붉은 잎이 진다.
새벽은 먼데
오늘도 비틀거렸던 하루가
쓰러진다.

—「담쟁이의 하루」 전문

곰곰 기억을 거슬러 가면서 알았다. 이 담쟁이, 내가 아는 담쟁이라는 걸. 순수하고 여리고 오직 벽을 타고 올라야 하는 것을 운명으로 아는……. 어찌 보면 고지식한, 사는 것에 감사하고 또 살아있음이 곧 희망이라는 걸 아는 담쟁이. 그렇지만 아침은 아직 멀리 있음을 힘들어 하면서도 오늘도 차가운 담장을 움켜쥐고 손을 놓지 못하는 담쟁이. 그래서인지 오늘 따라 담쟁이가 슬퍼 보인다. 내가 알고 있는 시인과 가장 어울리는 모습이라서 그런 걸까? 오늘도 시인은 비틀거렸던 하루의 끝에서 어느 조그만 술집에 앉아 몇몇 시인과 아니면 혼자서 잔잔한 미소와 함께 잔을 기울이고 있겠지. 나는 시인에게서 읽는다. 삶에 내리막은 없다. 죽는 그날까지 누구에게도 내리막이란 없는 것이다. 그렇다면 우리가 내리막이라 느끼는 건 무슨 이유일까? 우리가 느끼는 내리막조차도 삶의 정점을 향해 치열하게 살아가는 하나의 과정이라면 시인은 왜 지금 은근과 끈기 그리고 희망의 상징인 담쟁이에서 쓰러지는 하루를 보고 있을까? 변한 걸까? 이전의 그 표정 속에 숨겨둔 또 다른 표정을 미처 발견하지 못했던 걸까? 그래서 그런가? 시의 행간이 아프다.

그의 시에는 늘 절망이 있고 희망도 있다. 그래서인지 모든 시각을 과거에 두지 않는다. 그렇다고 오롯이 미래에 두고 있지도 않다. 시인의 시선은 언제나 현재에 머물러 있고 숨소리는 가늘고 길다. 그의 성격처럼 조용하다.

잊은 듯 전하는 소식 한 편

한숨 섞인 투정이라도 좋다

한입 가득
마늘 쌈 우물거리는 입 안에서 가볍게 내뱉는 욕설 한 자락도
세월의 무게만큼 받아 넘기는 저녁 끝자락

처진 가슴에 손을 얹고
반쯤 허물어진 웃음을 흘리는
때늦은 후회라도

오랜만에 꿈틀거리는 거세된 욕망
그 안에 나도 같이 머물고 싶다

—「살아간다는 것은」 전문

시인에게 살아간다는 것은 무엇일까? 거세된 욕망 안에 머무는 것? 아니면 처진 가슴에 손을 얹고 반쯤 허물어진 웃음을 흘리는 것? 부정적인 시어들로 이루어진 이 시를 읽으면서도 자꾸 강한 희망의 메시지가 보이는 것은 무슨 이유일까? "거세된 욕망"이라는 표현이 자꾸 마음에 걸린다. 욕망이 거세되면 그것은 이미 욕망이라 할 수 없다. 하지만 욕망이라고 말할 수 있다면 그것은 욕망이고 즉 희망이다. 억눌려 있는 욕망일수록 더 크다. 더더구나 거세된 중에도 꿈틀거리는 욕망이라면 아주 강한 삶에 대한 의지의 반어적 표현일 거다. 알

고 싶다, 오랜만에 거세된 욕망을 꿈틀거리게 한 것이 무엇인지. 왜 거기에 머물고 싶은 건지. 찬찬히 남은 시편들을 읽으면서 그 대답을 들어봐야겠다. 하지만 답을 찾아도 설령 찾지 못한다 해도 이런 부정적인 시어들에서 묻어나는 시인의 희망이 오래도록 나를 아프게 할 것이다.

과거의 시간들은 사라진 것이 아니라 차곡차곡 가슴에 쌓여 있는 것이다. 그렇게 해서 현재의 시간이 또는 생각이 만들어진다. 그렇다면 그 오랜 과거의 시간이 만들어낸 시인의 현재는 어떤 걸까?

안데스 고원,
혹은 툰드라의 사막 한복판에서
잎 하나 물고 와 그대의 가슴에 숨어든
푸르름 잠시 있다면

내게서 떠난 봄 그리워 않으려네
어느 깊은 밤 숨어 내리는 비 한 줄기 본다면
물어봐 주시게나

내게서 떠난 그 봄,
올해도 잘 왔는가 하고…….

—「내 맘속의 봄 떠난 지 오래라네」 전문

한 계절을 생으로 표현한다면 가을의 중반쯤에 서 있는 시인, 시인은 아직 봄을 기다리고 있는 걸까? 그렇다면 시인이 기다리는 봄은 무엇일까? 세상의 시간에서 봄은 계절마다 왔다가 떠나고 왔다가 떠나기를 반복한다. 그래서 우린 봄을 보내는 순간 다른 봄을 기다리며 산다. 그것이 우리가 바라보는 희망이다. 그렇다면 시인이 봄처럼 떠나보낸 것은 무엇일까? 누구에게나 계절마다 찾아오는 봄이 시인을 떠난 그 봄이 왜 시인에게 다시 오지 않는 걸까? "어느 깊은 밤 숨어 내리는 비 한 줄기"는 시인이 떠나보낸 봄의 정체를 알고 있는지, 올해도 그 봄이 잘 왔는지 알고 있을지 궁금해진다. 답은 어디에서 찾을 수 있을까? 시간, 희망 아니면 사랑? 만에 하나 사랑하는 여인이라면 좀 더 기다리면 올 것도 같은……

그럴 수도 있겠다. 기다림은 희망이고 즐거움이다. 무언가를 기다리는 것, 기다릴 것이 있다는 것은 희망이 있다는 증거다. 그래서 기다림은 기다림 그 자체로 즐겁고 행복한 것이다. 이런 까닭에 「부화를 꿈꾸며」라는 이 암울한 시에서 우리는 희망을 읽을 수 있을 것이다.

낯익은 풍경 속에서 철거덕거리는 소리와 함께 달구어진 틀이 한 번씩 뒤집혔다. 틀이 한 바퀴를 돌아 원점으로 돌아왔을 때 벌려진 틀 사이로 입이 붙어버린 붕어들이 한 마리씩 튀어 나왔다. 때때로 신은 연민의 대상으로 전락할 수도 있다는 것이 다행인 오후였다.

붕어들은 황금빛으로 치장한 놈도 있었고 어떤 놈은 군데군데 검은 반점을 띠고 나왔다. 개중에는 늑골 사이가 휑하게 드러난 상태로 나온 놈도, 주둥이 한쪽이 없는 채로 태어난 놈도 있었다.

빳빳한 지느러미들이 쏟아지는 햇살 속으로 유영을 시작했다. 수초도 없는 어느 은밀함 속에 산란의 희열을 즐기러 갔는지도 모를 일이었다. 하루에도 수천수만 마리의 붕어들이 태어나고 산란을 즐겼지만 알이 부화되었다는 소문은 어디에서도 들리지 않았다. 알 수 없는 일은 붕어들은 왜 수초도 없는 가장자리에서만 태어나는 것인지 누구도 묻지 않았고 물어야 할 이유도 찾지 않았다.

다시 철거덕거리는 소리와 함께 달구어진 틀이 한 번씩 뒤집혔다. 반역의 기치를 든 지느러미들은 햇살을 헤치며 빠른 헤엄을 치기 시작했다. 소문으로만 무성한 부화를 꿈꾸기 위해 은밀함을 찾아 떠나가고 있었다.

—「부화를 꿈꾸며」 전문

황금빛으로 치장한 놈, 군데군데 검은 반점을 띤 놈, 늑골 사이가 휑하게 드러난 상태로 나온 놈, 주둥이 한쪽이 없는 채로 태어난 놈, 이들은 왜 같은 틀 안에서 붕어라는 같은 이름으로 태어났음에도 이렇게 다를까? 시인은 소위 말하는 금수저, 은수저, 흙수저 같은 차이를 인정하지 않은 차별을 말하고 싶은 걸까? 결국 금수저, 은수저, 흙수저도 차별이라는 단어에 선행해서 만들어진 말이다. 하지만 금수저든 은수저든 희망을 가지고 유영을 하고 산란을 한다. 그게 사는 거다. 하지만 누구도 그들의 삶에 대하여 궁금해 하지 않고 무관심할 뿐이다. 그래서 "입이 붙어버린 붕어"처럼 말을 할 곳도 들어줄 곳도 없어 차라리 입을 다물어버렸지만 그래도 대부분의 사람들은 유영하고 산란을 한다. 그 이유는 희망이다. "반역의 기치를 든 지느러미들은 햇살을 헤치며 빠른 헤엄을 치기 시작"했던 이유도 산란과 부화에 대한 희망 때문이다. 산란을 했음에도 부화가 되지 못하는 세상에 대한 반항임이 분명하지만 반항도 희망을 위해서 하는 것이다. 결국 그들이 헤엄쳐 가려는 곳은 희망일 거다. 부화는 산란에 대한 결과물이다. 그래서 "부화를 꿈꾸며" 우리는 오늘도 산란을 하고 있다. 차별이 존재하지 않는 세상이 머지않아 부화되길 기대하면서……

『너의 고통이 나의 고통인 것처럼』 참으로 오랜만에 가슴 아린 시편들을 읽는 행복감에 흠뻑 젖어보는 시간이었다. 오래 가슴에 가라앉아 있던 기억들 하나하나 꺼내 보면서 또 한 번 창작의 불꽃을 피우는 계기가 된 시간이었다. 오늘처럼 늦은 밤이면 백성민 시인의 낮은 목소리와 잔잔한 미소 그리고 시집 갈피에서 행간에서 발견한 시인의 모습이 한동안 그리울 거다.

가슴으로 쓴 시는 가슴으로 읽어야 한다. 머리로 쓴 시를 가슴으로 읽는다는 건 무리다. 따라서 가슴으로 쓴 시를 머리로 읽는 것도 아니라는 생각이다. 『너의 고통이 나의 고통인 것처럼』 백성민 시인이 가슴으로 써 내려간 시편들을 읽으면서 아파하고 그리워하고 즐겁기도 슬프기도 했던 두 달여의 시간을 가슴에 정리하는 것으로 글을 마무리한다. 시집에 실린 한 편 한 편의 시가 어렵고 우울한 시대에 많은 사람들에게 위로와 희망이 되길 기대해본다.

끝으로 좋은 시를 마음껏 읽을 수 있도록 기회를 준 백성민 시인께 감사하다는 말씀을 드리며 가슴으로 읽어야 할 시 한 편을 소개한다.

> 나는 가려네
> 순한 눈빛 같은 첫눈이 내리면
> 언 손을 꼭 잡아
> 몽실한 가슴으로 녹여주던
> 누이를 보러 가려네

하늘 저 어디쯤 고운 옷 벗어두고 와
세상이 하얗게 덮이는 날
소문도 없이 사라진 누이를 찾아 가려네

밤마다 꿈길을 열어주며 무구하게 웃던
누이를 보러 가려네

외진 길모퉁이
조각 빛 숨어드는 어스름 날
해맑은 미소 같은 눈길을 따라
내 누이와 꼭 닮은 너를 보러 가려네

—「첫눈」 전문

이 도서의 국립중앙도서관 출판시도서목록(CIP)은 서지정보유통지원시스템 홈페이지(http://seoji.nl.go.kr)와 국가자료공동목록시스템(http://www.nl.go.kr/kolisnet)에서 이용하실 수 있습니다.(CIP제어번호: CIP2019027816)

문학의전당 시인선 0309

너의 고통이 나의 고통인 것처럼

초판 1쇄 인쇄 2019년 7월 19일
초판 1쇄 발행 2019년 7월 26일
지은이 백성민
펴낸이 고영
책임편집 서윤후
디자인 헤이존
펴낸곳 문학의전당
출판등록 제2017-000002호
주소 서울시 마포구 마포대로 11길 91, 3층
전화 02-852-1977 팩스 02-852-1978
전자우편 sbpoem@naver.com

ISBN 979-11-5896-428-3 03810